Dieses Buch gehört:

____

Matthias von Bornstädt

Wickie wird entführt

Wickie und die starken Männer
Lesen lernen
2. Klasse
ab 7 Jahren

Klett Lerntraining

Bibliografische Information der Deutschen Nationalbibliothek
Die Deutsche Nationalbibliothek verzeichnet diese Publikation in der Deutschen Nationalbibliografie; detaillierte bibliografische Daten sind im Internet über http://dnb.d-nb.de abrufbar.

Dieses Werk folgt der neuesten Rechtschreibung und Zeichensetzung.

Auflage 3 2 1 | 2013 2012 2011
Die letzten Zahlen bezeichnen jeweils die Auflage und das Jahr des letzten Druckes.

www.klett.de/lernhilfen, www.diekleinenlesedrachen.de
Teamleiterin Lernhilfen Grundschule: Susanne Schulz
Redaktion: Sandra Meyer
Umschlaggestaltung und Layout: Sabine Kaufmann, Stuttgart
Illustrationen: Agentur Christian Ortega, Barcelona
Satz: GreenTomato GmbH, Stuttgart
Druck: G. Canale & C. S.p.A., Turin
Printed in Italy
ISBN 978-3-12-949053-2

Inhalt

Ein schrecklicher Plan

Der schreckliche Sven,
der schrecklichste Pirat aller Zeiten,
hat einen ganz schrecklichen Groll!
Wieder einmal wollte er die Beute
von Halvar von Flake rauben.
Doch wie schon so oft
ist ihm Halvar entwischt!

„Immer dieser Halvar!“,
schnaubt Sven wütend und wirbelt
mit seinem eisernen Morgenstern.
„Wieso beiß ich mir an dem Kerl
jedes Mal die Zähne aus?“
Einer von Svens Männern
wirft stotternd ein Gerücht ein:
„I-ich hab mal ge-gehört,
dass Halvar seine Erfolge
se-seinem Sohn ve-verdankt!
Der soll einen he-hellen Kopf haben!“

„Hilfe von einem Halbstarken?!
Ach, Humbug!“, knurrt Sven
und lässt den Morgenstern
bedrohlich durch die Luft sausen.
Doch dann hält er inne
und kratzt sich grübelnd
seinen kohlschwarzen Piratenbart.
„Wenn aber doch etwas dran ist?“

„Dann stünde Halvar
ohne seinen kleinen Sohn
ganz schön blöde da!“,
kichert ein anderer Pirat.
„Blöd wie Schiffszwieback!“,
grinst Sven breit und poltert:
„Nimm dich in Acht,
Halvars Sohn!
Bald ist es dunkel im Köpfchen!
Harr, harr, harr ...!“

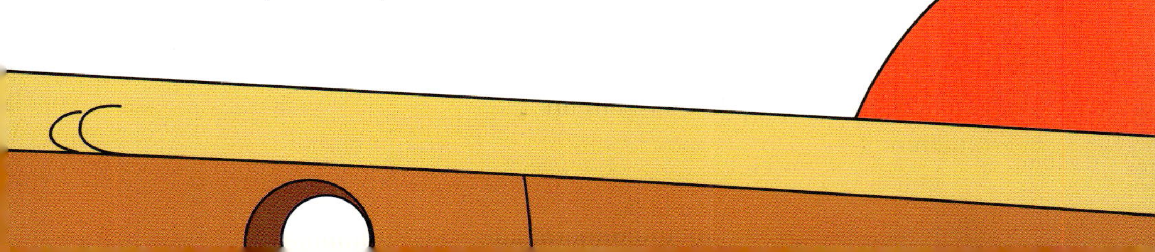

Wo bin ich?

Im heimischen Flake
ahnt Wickie von alldem nichts.
Nach einem langen Tag legt er sich
müde und zufrieden ins Bett.
Bald ist nur noch leises Schnarchen
über dem Dorf zu hören ...
Doch da –
ein Knistern ...!

Zwei finstere Schatten
schleichen auf Halvars Hütte zu.
Sie schlüpfen hinein
und kommen mit einer Trage heraus,
auf der ein kleines Bündel liegt.
Und ehe noch das Käuzchen ruft,
sind sie wieder verschwunden.

Als Wickie aufwacht,
wundert er sich:
„Wieso schaukelt der Boden?
Warum riecht es nach Meer?
Und was ist mit meinem Bein?“
Er schlägt die Augen auf
und zuckt heftig zusammen.
Vor ihm steht,
mit gemein gebleckten Zähnen,
der schreckliche Sven!
Wickie will hochfahren –
doch eine Fessel hält ihn zurück!

„Na, wohin denn so eilig?“,
feixt Sven hämisch.
„Gefällt es dir hier etwa nicht?“
„Wo ... wo bin ich?!“,
fragt Wickie ganz durcheinander.

„Auf meinem Schiff natürlich!
Für einen gefürchteten Schlaukopf
bist du nicht besonders helle!“,
lacht Sven und seine Männer
stimmen grölend ein.
„Habt ihr mich entführt?“,
schießt es aus Wickie heraus.
„Aber wieso denn? Und ...“
„Spar dir deine Puste
fürs Kartoffelschälen!“,
würgt Sven Wickie ab
und knallt ihm einen Eimer hin.

Volle Fahrt zurück!

Wickie bleibt allein zurück
und blickt sich um.
Er wurde entführt!
Angestrengt denkt er nach.
Wie kann er sich nur befreien?
Panik steigt in Wickie hoch.

Immer wieder streckt Sven
seinen Kopf zur Tür herein.
„Guck nicht wie eine Flunder!“,
macht er sich über Wickie lustig.
Oder ein anderes Mal:
„Hast deinen Schlaukopf
wohl zu Hause vergessen?
Harr, harr, harr!
Ich lach mir einen Wolf!“

Bei dem Wort „Wolf“
fällt Wickie plötzlich etwas ein!
Er denkt kurz nach
und rubbelt sich an der Nase.
„Wolf ...
Ja, so müsste es funktionieren!“

Als Sven wieder hämisch grinsend
nach seinem Gefangenen schaut,
behauptet Wickie:
„Eigentlich bin ich recht froh,
hier gelandet zu sein!“
Der schreckliche Sven stutzt.
Wickie bekräftigt:
„Schließlich bist du doch
der größte Pirat aller Zeiten,
nicht wahr?“

Da nickt Sven
mit vor Stolz geschwellter Brust.
„Also wäre es ja wirklich eine Ehre,
in deiner Mannschaft zu dienen!“,
legt Wickie keck nach.
„Vielleicht kannst du
meinen hellen Kopf gebrauchen?“
„Na, das wollen wir mal sehen!“,
meint Sven und fordert:
„Dann sag mir gleich mal,
wie ich zügig fette Beute mache!
Na, wird's bald?“

Doch Wickie wiegelt ab:
„Meine guten Ideen habe ich nur,
wenn ich meinen Denkhelm trage."
Sven guckt ihn verblüfft an.
„Ich habe den Helm
in einer Höhle bei Flake versteckt!",
fährt Wickie fort.
„Dort müsste ich ihn holen ..."

„Ha! Du willst mich aufs Kreuz legen!“,
wittert der Pirat eine Falle.
Wickie setzt eine Unschuldsmiene auf.
„Wenn du mir nicht traust,
dann schick doch jemanden mit.
Deine Männer könnten mir sogar
den Mund verbinden!“
Sven überlegt einen Augenblick.
Das klingt in der Tat ungefährlich.
Also gibt er das Kommando:
„Volle Fahrt zurück nach Flake!“

Eine tierische Überraschung

Im Schutz der Dunkelheit
rudern zwei von Svens Männern
mit Wickie nach Flake.
Doch Wickie führt sie nicht ins Dorf,
sondern ein Stück in den Wald hinein.
Er bleibt vor einer Felswand stehen,
in der ein düsteres Loch klafft.
„Da drin liegt dieser Helm?“,
vergewissert sich einer der Männer.
Wickie nickt bestimmt.
Also entzünden die Männer Fackeln
und wagen sich in die dunkle Höhle.

Da – ganz hinten in der Höhle
blitzt plötzlich etwas auf!
Ist das ein Helm?
Nein, was im Fackelschein aufglüht,
sind schwefelgelbe Augenschlitze.

„Groooaaaar!“,
ertönt ein solch grimmiges Brüllen,
dass die Höhlenwände zittern!
Mit einem Satz
schießt aus den Schatten
ein wütend brüllender Wolf hervor!

Vor Schreck lassen die Männer
ihre Fackeln fallen
und ergreifen die Flucht.
Der Wolf setzt hinterher!
Wickie geht geschwind
hinter einem Tropfstein in Deckung.
Natürlich wusste er,
dass der Wolf in dieser Höhle haust.
Schließlich hat er sich mit ihm
schon so manche Jagd geliefert!
Genau darum hat er
Svens Männer ja hierher gelockt.

Draußen klettern die zwei hastig,
unter aufgeregten Hilferufen,
einen hohen Baum hinauf.
Bedrohlich knurrend
schleicht der Wolf um den Stamm.
Das Jammern und Geschrei ist so laut,
dass es bis ins Dorf zu hören ist.

Nur Augenblicke später
taucht Wickies Vater auf.
Sofort schlägt er den Wolf
mit seiner Keule in die Flucht.
Nun wagt sich Wickie aus der Höhle.
Wie ist Halvar froh,
seinen Sohn wiederzusehen!
Er hatte sich solche Sorgen gemacht!
Halvar bindet Wickie los.
Überglücklich fallen sich
die beiden in die Arme.

Und Svens Männer?
Die müssen zur Strafe
drei Tage lang Kartoffeln schälen!
Danach werden sie fortgejagt
und nehmen eine deutliche Botschaft
an Sven und seine Piraten mit:
„Mit den Wikingern aus Flake
legt ihr euch besser
nicht so schnell wieder an!“

Starke Fragen für helle Köpfe

1 Wie heißt der Pirat, der Wickie entführt?

- [ ] der schrecklose Sven
- [x] der schreckliche Sven
- [ ] der schreckhafte Sven

2 Mit welcher Waffe wirbelt Sven wütend herum?

- [x] mit einem Morgenstern
- [ ] mit einem Monsterstern
- [ ] mit einem Motorstern

3 **Warum will Sven Wickie entführen?**

- [ ] weil Wickie ein Halbstarker ist
- [x] weil Halvar ohne ihn blöd dasteht
- [x] weil es bei Sven dunkel im Kopf ist

4 **Wie stellen Svens Männer Wickies Entführung an?**

- [x] Sie tragen ihn im Schlaf davon.
- [ ] Sie locken ihn auf ihr Schiff.
- [ ] Sie stellen ihm im Wald eine Falle.

5 **Woran merkt Wickie als Erstes, dass er nicht mehr zu Hause ist?**

- [ ] Er spürt seine Fesseln.
- [ ] Sven steht grinsend vor ihm.
- [x] Der Boden unter ihm schaukelt.

6 **Was ist für Wickie am schlimmsten?**

- [ ] dass er Kartoffeln schälen muss
- [x] dass er sich nicht befreien kann
- [ ] dass Sven Witze über ihn reißt

7 **Wieso sagt Wickie, dass Sven der größte Pirat aller Zeiten ist?**

- [ ] weil Sven so riesengroß ist
- [ ] weil Wickie Sven bewundert
- [x] weil Wickie Sven schmeicheln will

8 **Was könnte Wickie genauso gut statt eines „Denkhelms“ erfinden?**

- [ ] einen Schnelllauf-Stiefel
- [x] eine Blitzmerker-Kappe
- [ ] einen Schlaf-Gut-Schal

9 **Warum schlägt Wickie vor, sich den Mund verbinden zu lassen?**

- [ ] damit Wickie sich nicht mit Svens Männern unterhalten kann
- [x] damit Wickie nicht um Hilfe rufen kann
- [ ] damit Wickie kein Lied singen kann

10 **Als Strafe müssen Svens Männer drei Tage lang Kartoffeln schälen. Was könnte Wickie dazu sagen?**

- [ ] „Doppelt hält besser!“
- [ ] „Wer A sagt, muss auch B sagen!“
- [x] „Wie du mir, so ich dir!“

Lösungen

1 der schreckliche Sven

2 mit einem Morgenstern

3 weil Halvar ohne ihn blöd dasteht

4 Sie tragen ihn im Schlaf davon.

5 Der Boden unter ihm schaukelt.

6 dass er sich nicht befreien kann

7 weil Wickie Sven schmeicheln will

8 eine Blitzmerker-Kappe

9 damit Wickie nicht um Hilfe rufen kann

10 „Wie du mir, so ich dir!“

Lesen lernen mit dem Schulbuchprofi ...

... und Wickie mit starken Fragen für helle Köpfe

... und den kleinen Lesedrachen mit Sachwissen-Poster von Geolino

www.diekleinenlesedrachen.de